심상시선 130

오직
당신만 볼 수 있는

최수경 시집

시인의 말

아득한 것은 아득한대로

시간속으로 묻혀갔다

바람에 엮어 흘려 보낸 기억같이

한숨은 지나가는 것

밤은 적막하고

귀에 들리는 음악은 감미롭다

차례

시인의 말　　　　　　　　　　3

1부 _ 밤비

봄 산　　　　　　　　　　　11
진달래　　　　　　　　　　12
봄밤 1　　　　　　　　　　13
물끄러미　　　　　　　　　14
밤바다, 달　　　　　　　　15
꿈　　　　　　　　　　　　16
오후의 두통　　　　　　　17
그런날의 위로　　　　　　18
춘분에　　　　　　　　　　19
하회(河回)의 사월　　　　　20
오월의 첫 밤　　　　　　　21
봄밤 2　　　　　　　　　　22
그 노래　　　　　　　　　23
봄비에 젖어보는 나의 적막　24
봄밤 3　　　　　　　　　　25
밤비　　　　　　　　　　　26
드로잉　　　　　　　　　　27
해　　　　　　　　　　　　28
오랜만에　　　　　　　　　29
구름　　　　　　　　　　　30
낮의 가벼움　　　　　　　31

애잔하지 않아 32

2부 _ 칠월의 한낮

산이 젖는다 35
스며드는 것 36
영국사(寧國寺) 37
잔상 38
클로즈업 39
옛집 40
칠월의 한낮 41
거울의 말 42
소낙비 43
포도 44
만남 45
붙잡을 수 없는 46
잠영(潛泳) 47
고백 48
늦여름 바다 49

3부 _ 덧칠

가을 광안리에 누워 53

가을 저녁의 소리	54
가을볕 아래	55
늦은 오후	56
담배연기	57
그녀	58
산방(山房) 1	59
덧칠	60
가을의 질감	61
묵호바다	62
시월의 백일홍	63
구멍난 시간	64
늦가을 눈썹달	65

4부 _ 위로

변주	69
첫눈 오던 날	70
기도	71
동백꽃	72
엄마의 기도	73
회상	74
설 연휴	75
겨울 나이테	76
산방(山房) 2	77
겨울 벚나무	78
겨울 청령포	79

라 캄파넬라	80
대한(大寒)에 횡성에서 본 시래기	81
이월이 다 가기 전	82
춘설	83
고목 매화	84
스프링	85
참꽃	86
봄날을 원망하다	87
벚꽃에 대한 짧은 생각	88
초대	89
불면	90
위로	91

시평 _   94
사계(四季)의 자연과 자아의 삶에 대한
감성적 반향(反響) - 박동규

1부

밤비

봄 산

새소리에 고개 들어
먼 산 바라보면
연회색 치마폭에 던져진 진달래꽃 무더기

세 걸음 쯤 왔을까
멀리 보이던 봄이 고요히 맺혀 있다

진달래

온 산기슭 피어난들
무슨 소용 있겠어요
수없는 사람 스쳐간들
무슨 소용 있겠어요
연분홍빛 순한 정
오직
당신께만 보여지는 꽃
당신만 볼 수 있는 꽃이 되고 싶어요

봄밤 1

몇 번의 봄을 만나 왔을까

기억의 얼굴
밤의 모퉁이를 서성인다
창을 뒤척이는 바람은
밤이 지나도록
고요히 불 밝혀든 목련의 노래
한 소절 두 소절
떨어 뜨린다 사르락 투욱

몇 번의 봄을 만날 수 있을까

물끄러미

애써 밀어내지 않아도
멀어지는
돌아오지 않는 것을
걱정 반 기다림 반

빗물 스며들수록
진한 먹빛 되어지는
깊은 숨 길어 올려
무거워지는
담장위 기와같이

때로는
속을 덜어내며 흐르는
잔물결같이

물끄러미

어른거리는 봄비

밤바다, 달

코트 위 걸쳐진
낮의 무게를 벗어놓고
밤바다에 갔다
흔들리는 달빛 사이
출렁이는
화사한 슬픔
화사한 적막

굳게 닫혀진 마음
긴 편지에 풀어놓고
밤바다에 갔다
스스로 무너지고
스스로 일어서는 파도 사이
출렁이는
고요한 눈물
고요한 자유

달아
너 가는 길에
나 비춰지는 때 있거든
아늑한 봄의 눈빛 스미게 해다오

꿈

가까이 두고서도 알 수 없는 너는
쉽게 걷어내지 못하는 안개와 같아

다시 한번 사랑이라 말할까
뒤적여봐도 찾을 수 없는 접경
나지막히 들리는 오보에 소리
이제는 떠나라 등을 밀어주네

그냥
봄밤에 등불 켜든
배꽃만큼
환하게 깃들고 싶었어
봄비에 날개 펴는
배꽃만큼
그윽하게 날고 싶었어

오후의 두통

분명히 이게 아니었다
작은 사각형의 유리수조
물이 가득 채워진 채 뚜껑까지 닫혀
도저히 열리지 않는다
소리치며 유리벽을 두드려댄다
너무도 견고하다
투명하지만 유리벽너머 누구도
보지도 듣지도 못한다
아무것도 할 수 없다
어떤 통로도 보이지 않는다

지금은 몇 시일까
땀에 젖어 누워있을 뿐이다
기운이 다 빠져나간 듯 온몸이 떨린다

이번에는 '라장조'라는 이름의 욕망과 '가단조'의 우울을
내려놓았다

그런날의 위로

분명 휘젓고 다니는 바람 탓만은 아니었지요
낯익은 얼굴들이 센 물살로 다가와 주저앉고 싶은 날
뒷머리를 자꾸만 잡아당겨 뒷걸음질 쳐지는 날이었어요
이런 오후엔 바이올린 혼자 팽팽히 흘러가는
무반주 파르티타보다는 let it be가 좋겠다 싶어요
let it be....
하루 내내 안경을 쓰지 않아
그녀들의 예리한 말끝도 주름진 외로움도
흐릿하게만 보였던 게 다행이었다고 나를 위로해 보기도해요
아니에요
따뜻한 이불 속에 숨듯이 들어가
감추어둔 울음을 꺼내들게 되어요
사람만한 위로가 없다고 누가 말했던가요
축축한 창 넘어 보이지 않는 상처 그득 끌어안은 달 만이
눈을 마주쳐주는 날이에요
분명 휘젓고 다니는 바람 탓만은 아니었어요

춘분에

그럴것이 하나도 없는 요즘이었다
어디에서 시작한 것인지 마음이 울고 있다
무슨 생각이 아껴지며 쌓이고 있는 걸까
도시를 돌아 걸으며 하루를 봄바람에 부대껴댄후
따뜻한 물에 나를 담궈 달래본다
이것일까 그렇다
진달래꽃잎 붙여 눈부시게 이쁜 화전 만들어주던 엄마다
사랑한다 고백한 적 있었던가
아름다운 그 세상에서도 진달래꽃잎 붙인 화전 나누실까

쌓였던 그리움에 눈물이 지칠 줄 모른다 춘분에

하회(河回)의 사월

익숙한 일상이
익숙하지 않은 하루가 되어
소리없이 흐르는 강 너머 깨어나고 있었다
슬픔을 소화시키는 모습은 모두가 다르다
처절할수록 무겁게 흐르기만 할 뿐이다
하회(河回)의 사월은
가볍지 않은 내면을 반추하며
봄의 호흡으로 거닐고 있었다
속으로 우는 꽃이 되고 바람이 되어도
잔물결로
흐르고만 있었다

오월의 첫 밤

허공에 튕겨지는 목소리
가는 곳 모르게 흩어지고
몇 겹 쯤 가리워진 영혼
흔들리다 쌓인다

액자 속
내가 만든 그림은
날지 못하는 날개
동요만
거칠게 퍼덕거리고
맑은 새의 노래 들리지 않아
표정이
어둡게 접혀져 있다

오월의 첫 밤은 참 어두웠다
아직 바람도 차가웠다

봄밤 2

밤 사이

달빛에 흘러나와
반쯤 묻혀버린

파도에 쓸려 나가

반쪽 된
너의 얼굴

그 노래

아물지못한 기억이 틀어놓은
자주 부르던 노래
시간을 덮고 잠들었던 얼굴이 어른거린다
젊은 고백이 길을 누비며
자주 듣던 노래
숨어 지내던 얼굴이 흩날린다
'눈에 밟힌다'는 말이 생각난다
밤새도록 음률이 흐른다

창문밖으로 아침이 찾아왔다

봄비에 젖어보는 나의 적막

밤새 내린 비
온몸으로 부대끼며 잠 못 이루다가
길을 묻는 봄볕 기지개를 켜면
이제 막
향기 되어

어쩌면
너무 달콤하지 않게 꽃 틔워내고
너무 아파도 꽃잎 떠나보내지 못하는

길 한 모퉁이
아득히 서 있는 라일락 한 그루

봄밤 3

후두둑 꺾이는 봄의 마디마디
뜨겁게 앓다가 고개 든 얼굴
빗방울 부딪히고 바람 지나갈 때마다
겹겹이 끌어안은 아릿한 향

몇 뼘 깊어진 눈빛으로

돌아서는 봄밤을 부드러이 감싸 안는
애틋한
붉은 작약

밤비

비 오기 전
바람 부스럭거리는 소리
사그라들지 않고

한밤 내내
비틀거리는 고요
흠뻑 젖어
마음의 꽃 모두 떨어뜨리고
곤히 잠든 밤비

드로잉

뿌옇게
소리 없이 드나들며
시간의 빈자리에 틀고 앉은
오랜 얼굴

어둑한 저녁

비에 기대어 서서
시큰거리는 독백만

아카시아꽃이 지면 밤꽃이 피겠지

해

짙은 회색 조각구름 뒤로
나왔다 들어갔다 하는 아버지

밝은 빛으로
나를 쳐다보다가
눈부시게 하더니
하얀구름을 커튼삼아
얼굴을 반쯤 내밀고 부드러운 빛으로 나를 보고 웃는다

한참동안
눈을 감은 채
기억의 길을 아버지는 천천히 걸어간다

푸석한 바람이 불어오곤 한다

희끗해진 얼굴
오후의 산등성이 위
아버지는
얼룩진 눈물자욱을 닦아주고 서 있다
아직도 따뜻한 눈빛이다

오랜만에

야트막한 담 아래
따사로이 마중 나온
작약이
너른 품에
나를 안아주었다
한발 물러서 쉬어가라고
꽃 지는 날을 설워하지 말라고
눈짓을 보냈다

스산함을 몰고 오는 저녁 빗소리
작약의 향기가 묻은 나는
어둠을 반 쯤 걸친 문턱을 넘는다
소프라노의 노래가 비극으로 수북하다
눅눅한 마음은
우연히 오지 않는다

구름

구름 지나는 곳마다
구름소나무 구름보리밭 구름계곡
구름능선 구름산
먼 굴곡의 길 돌아
구름길 구름집
구름데이지꽃도 지나간다

한가히 부는 바람
곱게 빗어 넘긴
봄의 머리칼 뺨을 스치면
구름이 다가와
망연히 앉아있는
나도 구름이 된다

낮의 가벼움

무겁게 가슴 죄어오는 것이 바람이 사라져서 만은 아니겠지
사라질 영광을 잊은 채 쏟아지는 햇빛
낱낱의 이야기를 단념하게 하는 라디오의 노래
시간을 되뇌이고만 있는 옆방의 메트로놈 소리
반사된 볕조각 쫓다말고 졸음어린 고양이의 눈
색만 바랬을 뿐 죽지않는 현관옆의 지루한 조화(造花)
종일토록 꾹꾹 눌러 그린 몇 장의 별 그림
'오라이'(all right)란 외침은 언제쯤 나를 다시 달리게 할까

애잔하지 않아

좁은 골목
오래된 담벼락 밑
푸르스름한 땅바닥
그 위에 뉘어 져
따가운 햇빛에
환하게도 빛나다가
바람이 가까이 오면
붉은 가슴 오르락 내리락 거리다가
다시 올라오지 못하고
돌아눕는 뒷모습
시들어
떨어져 누워있는 어린 장미

2부

칠월의 한낮

산이 젖는다

내 것인 양 보여지던 흔적을 걷어내고
어수선한 울타리를 벗어났다
마주치는 발걸음이 뜸하다

뜨거운 볕들 살을 부벼대고
새들의 노래
몇 구절 묵어가는 흙길
한적하다
푸드득 날아든 빗방울
스며드는 빗물에 기억을 풀어내며
잠시 묵어가는 흙길

산이 젖는다

돌아오는 길
산허리의 숨결이 가냘프다

스며드는 것

가끔씩 바람이 불고
자잘한 비가 뿌린다
물기로 축축해진 겉옷을 벗을 수가 없다
빗물은 살 속까지 뼛속까지 스며들어
독한 통증으로 파고들었다

바람이 불고
비가 뿌린다
겉옷을 벗어 머리부터 덮어 묶고 달린다
스며들어 통증으로 파고드는 것들을
차단하기로 했다
허락하지 않기로 했다
아니
물기가 스며들지 못하는 깃털이 빼곡한 날개옷 안에서
스며들어오는 것으로부터
자유로워지기로 했다

영국사(寧國寺)*

고단하지 않은 계단이 몇 개
보리수 두 그루
그늘 밑 뜨거운 볕 쉬어가고
뒷산의 소나무 욕심없이 서 있다
조심스레 시름 풀어내면
나풀대는 먼지되어 흩어지고

소쩍새만 기척하는
고즈넉한 곳

---

*영동 영국사(永同 寧國寺) | 충청북도 유형문화재 제61호

    이 절은 원각국사가 신라 법흥왕 14년(527년) 또는 문무왕 8년(668년)에
    창건하였다고 전한다. 고려 문종때 대각국사가 국청사(國淸寺)라 했으나
    공민왕이 난을 피하여 이 곳에서 국태민안을 기원하였으므로
    영국사라 했다고 한다.

잔상

여름이 잠시 돌아누운 자리
긴 꿈이 꼬리를 물고 들어왔다

푸른 그늘 아래
오가는 걸음 소리
가끔씩 음을 이탈하는 부드러운 허밍
바람이 이마를 스치고
아버지가 내 손등을 두드린다

흔들리는 눈썹사이로
건너편 책장 위 반 고흐의 'l'iris'가
나를 바라본다
'좋은 소식'이 있겠지요

눈가에 내려앉는 잔상
촉촉하다

클로즈업

꽤 굵은 비 지나가고
푸른 하늘에 목화솜 구름
그 아래
물방울 매단 솔가지들
그 사이
반짝반짝 흔들거리는 가는 줄
그 위로 아래로 분주히 움직이는
지난한 몸짓
쌀알만 한 거미 한 마리

옛집

골목이 끝나는 곳에
가족이 함께 살던 집이
무덤덤한 듯 서 있다
대문을 열어 안으로 들어서니
작은 발걸음 소리
신문 넘기는 소리 턴테이블 위 음악 소리
칠월의 한낮이 지나가는 오후
잠시 멈춰 서는 구름이
뜨거워진 기와의 이마를 가려 줄 뿐
소나기조차 스치지 않는다
기다리는 바람은 오지 않았다
무심하다
마당 한 켠의 백합 일곱 송이
눈시울이 붉어지며 고개를 숙인다

옛집
묵직한 침묵만이 마당을 돈다
무덤덤하게 서 있다

칠월의 한낮

긴 줄로 영혼을 늘어뜨린 채
빈 자리마다 내려앉는 비
부서져 내리는 회색빛 행렬

두 두 둑 비 그치고
보리수나무 아래
고양이 한 마리
아득한 시선

밤이 준 상처의 무게 견디다 못해
졸음에 무너지는
한낮

주섬주섬 어지러움을 구겨 넣는다
한숨 사이
슬며시 얼굴 내미는 칠월의 뜨거움
북적거리는 소음이 등을 타고 오른다

거울의 말

닦고 또 닦다가
고개를 반쯤 기울인 채 가만히 보았지
거울 속 모습에게 물어보았어
너는 아직도 나야?
결코 보이지 않는 이전의 나는
공허란 팻말 흔들흔들 춤추고 바람만 머무는 빈집
뒤통수쯤은 견뎌내고 있을까
보채듯이 손거울을 하나 사보았어
볼 수 없는 뒤통수와 이전의 나를 흥정해보려고

소낙비

끈적한 여름이 들어왔다
짭짤한 맛이다
바닥에 누워있던 습기가 감겨온다

굵은 빗줄기
무거운 비구름이 가던 길 되돌아 왔다
빗장 풀고 쏟아지는 무념의 시간
잦아들다가 다시 기립한다
소낙비
깊게 딛는 음계마다 시원하고 뜨겁다

포도

짙푸르러지다가
노을 사라지면
한 겹 깔리는 어둠
지그시 내려 감은 눈
너른 품으로 껴안고

서로 바라보며
검붉게 익어가는 포도

만남

만남은 돌
구르다가 멈추고
저만치 서 있다가 부서지고
작아지고 작아져 흙먼지 되는
그 흙먼지 나를 둘러싸 떠돌게 하는
만남은 바람

붙잡을 수 없는

뜨거운 햇빛은
기억의 껍데기를 훑어보다 빠져나갔다
내 위의 먹구름은
섬처럼 떠서
밀려왔다 밀려가기를 반복한다
칼칼한 목소리로 가지를 흔들어대며
날것의 촉감으로 시간의 흔적을 더듬어댄다
늦은 오후
내 안의 마당은
부서져 내리는
빛의 모자이크로 다시 채워졌다
키 큰 후박나무의 그늘이
아늑하게 부르고
이마를 짚어주는 부드런 바람도
촘촘하게 빚어져 있다
한여름 저녁이
달음질쳐온
가을을 거니는 듯 선선하다

앞뒤를 다투는 생각들
해쓱한 하루가
높다란 성벽의 둘레길을 돈다

잠영(潛泳)

밤이면 안대너머
깊은 물 속 바닥
홀로 잠영을 한다
무르기 그지없는 믿음이며
나이든 억지며
빛이 바랜 눈물이 부딪힌다
상실해 버리고 싶은 단어들이 무게를 더하는 밤
홀로 잠영을 한다

물 속 바닥
홀로 잠영을 한다
흐느끼지 않으며
쉽게 기대하지 않고
쉽게 흔들리지 않는 곳
보이지 않는 3분의 2
껌껌한 무의식의 그림자
바늘구멍 하나 뚫고 대면하는 시간
30미터 50미터 더 멀리 나아가
고요히 앉아본다

고백

빗소리가
한적한 저녁내내 들락거렸다
빗물 고인 바닥엔
길어진 불빛들이 흔들리고
뿌연 능선으로 퍼져 나간다

창문에 번지는 빗방울
모서리에 기대선 백열등이 어깨를 어루만진다
흔들리는 것이 내 마음만은 아니었다
희미한 한숨 베개에 파묻고
칠월의 페이지를 넘긴다

늦여름 바다

수평선
서쪽에 낮게 걸려있는 해
애 터지게 뜨겁던
여름이 흘러내린다
밀리며 오가는 물결
붉은 목소리로
여름의 후렴구를 부른다

3부

덧칠

가을 광안리에 누워

맑은 날
광안리 바다에 눈을 감고 누워 있었다

삐걱거리던 긴 시간들이
쌓였다 무너지고
껴안았다 흩어졌다
물결은
내 위에 내 옆에 등 뒤에 있을 뿐
잡을 수가 없었다
다가왔다가 달아나고
몰려왔다 물러나며
몸에 감기는 기억들

마음에 쥐어진
곱게 닳은 작은 돌 두어 개
멀리
발치에 해가 눕고 있었다

가을 저녁의 소리

낮은 뿌연 흙길 걷다가
아직 더운 숨을 몰아쉬더니
바람처럼 지나갔다
나무 위에 떨어지는 빗방울이 굵어졌다

어른거리는 풍경 사이로
긴 이야기들이 몸을 숙이며
조율하는
가을 저녁의 소리
붉게 물들어가는 볼이 고요하다

가을볕 아래

가끔씩
옅어진 가을볕 아래 앉아보면
순한 마음이 다가선다
맑은 바람에 씻긴 하늘
긴 목에 가녀린 다리 하얀 구름으로 날으는 새
가끔씩
짙어진 가을속을 걷다보면
붉어지는 산이
마음에 쓸쓸히 불을 켜든다

늦은 오후

창으로 들어온 바람은

커튼 끝을 흔들고
나무계단을 오르고
펼쳐 놓여진 그림을 기웃거린다
라디오 노래에 잠시 멈추는 걸음
쌓여진 책들 위에 앉았다가
오래된 건반 위에
슬그머니
가을을 얹는다

희미해진 한 줌 볕
창 너머
산 위의 구름이 분홍빛으로 퍼졌다

담배연기

동백기름에 머리 빗고
거친 손 끝 연기 피워내던 홍준이 할머니는
담배는 가슴에 담긴 한숨이라 하셨댔지
잘났다던 남편덕에 딴 여자랑 남편을 나눠야했던 숙모는
인텔리젼스와 사랑을 종이에 곱게 말아 흩어버리셨고
볕 좋은 봄에 자식 잃은 동생을 둔 친구는
참담한 눈물을 연기로 토해내고 있네
오십년이 지나도록
무거운 짐 연기처럼 훨훨 날리고 싶으셨나보다 우리 아버지도

그녀

늦가을
바람 따라 들러 본
그녀의 정원

볕을 따라 돌아가면
나비가 날으고
백합이 피었던 자리
벽에 둘러선 키 큰 나무들
맑은 새소리가 펄럭인다

부서진 낮은 담 옆엔
흩어진 돌
흙 무더기들
몇 가닥 한숨은 땅에 묻고
비 되어 흐르는 굵은 눈물

붉은
긴 치마자락이
그리움의 회랑을 걷는다

달빛 갈피마다 쓸쓸함이 적혀있다

산방(山房)1

잔바람에 묻어나는 가을볕
녹색의 기다란 토란대

까치 한 마리
색 바랜 나뭇잎 하나 파―란 하늘에 던져놓고
대추차 한 잔
무뎌진 흙벽에 등 기대고 앉아있다

덧칠

국화 다발 안고 있는
한 겹의 가을

볕이 스러져가고
야위어지는 마음 자욱하다

때론
가슴이 웅장해진다거나
애절하다거나 아픈 거 말고
너그럽고 허술해 보이거나 부드럽고
달콤하게 마음 살랑여주는 음악이 그립다

순한 밤이 짙어간다

가을의 질감

"퀘백의 단풍아래 서면
눈물이 났었다"고 그녀는 말했다
두꺼운 팔찌가 팔목을 아니
그녀를 가두고 있다는 생각이 들었다
난 일어서지 않으면 두통이 가시지 않을 것 같아 일어섰다

머리를 감고 누워
애잔함으로 자리잡은 기억을 되짚어본다
"눈물이 나요 아직도 내 안에는 눈물이 남아 있어요"
마음 한 구석 무너져 불꽃 꺼지는 소리일 것이다
바스락거리며 쉽게 부서질 것 같은 질감이
그녀의 눈에 가득 했었다
시간이 흐르고 있다
흐르는 것이 시간 뿐인가
내게서 흘러나간 것은 무엇이고 흘러온 건 무엇인가
감고 있는 내 눈에도
바스락 소리를 내며
눈물이 저녁내내 거닐고 있다

묵호바다

바다는
물의 머리칼을 풀어내고
휩싸이며 감싸 안는다
물 위에 물을
쌓아도 쌓이지 않는 담을 쌓아보다가
하얗게 주저앉다가 가라앉는다
바다는
스스로 무너지는 모래를 발아래 두고
온몸으로 울부짖는
북의 영혼
바다는
온몸으로 서 있는
세월의 푸른 눈물

시월의 백일홍

오래전 일이었지

30년은 훌쩍 넘어서버린 여름 어느날

뒤엉켜진 어린 사랑으로 며칠을 앓고 있을 때

어지러움 삭혀주던 토마토쥬스

엄마가 내밀어주던 주홍빛 위로

그때의 나만한 여자애가 만들어 준 토마토쥬스 한 잔 들고

서성여보는 가을볕 속

그리움에 목만 길어진

빛바랜 백일홍이

쓰러질 듯 서 있네

구멍난 시간

밤을 나선다
마스크를 쓴 얼굴들
시선은 철벽보다 힘이 센 안드로이드에 꽂혀있다
힘주어 운동기구 위를 걷고 있는 여자
불면의 하늘향해 연기를 쏘아 올리는 남자들
'사람이 꽃보다 아름다워' 라는 노랫소리가
노래방 문밖으로 흘러나온다
길 위에 노랗게 엎드려 있는 은행나무잎
자잘한 비가 땅을 딛으며 사람의 밤을 기웃거린다
가물거리는 비는 사람의 땅에 구원을 줄 수 있을까
복원되지 못하는 시간을 껴안으며
나는 밤을 걷고 있다

늦가을 눈썹달

가을볕이
서둘러 길 떠나는 저녁

창백한 얼굴로 저만큼 앉아있다가
뺨에 닿는 바람 쓰다듬으며
어리고 수줍은 마음 내밀어 보이는
은색 가을무늬

4부

위로

변주

낯익은
가을 별자리는 이미 떠나갔다

햇불맨드라미위에 내려앉은 서리
차디찬 바람 사이로 새가 날아간다
엷어진 볕이 기웃거리며 내게 묻는다
"가슴 휘젓던 찬바람은 좀 그쳤는지요"
흘러들어온
바람을 끌어안고 창문을 닫는다
눈이 고요속에 내려온다

첫눈 오던 날

유리창도 찢어 터질 것 같은 추위의 끝
가슴을 헤적이듯 눈발은 어지럽게 날려대고
물어볼 것도 없이 누구든지 따스함에 몰려 들어서는데
넌
나이든 상처 외투로 입고
긴 세월의 은빛머리 바람에 맡겨둔 것처럼 잊어버리고
얼어 망가질 듯한 손가락 사이 불 붙이지 않은 흰 담배 끼운 채
걷고만 있어

기도

이제 돌아가 쉬어도 되지 않겠느냐고
슬프고도 평온한 눈빛이었지
이 세상 비껴나는 자리엔 가느다란 한 자락 눈물뿐
삶이라는 이름의 지친 몸짓 벗어 내려놓고
돌아서 가만가만 처음으로 가셨지

동백꽃

그래 시작인 걸 알았다

냉한속의 붉은 바람
윤기나는 녹색의 기억 사이
얼굴 디미는 붉은 곡선

네게로 휘어지고 싶은 마음
비밀스럽게 틔어보이는

그래 이제 알겠다

땅에 떨군 마음도
붉디 붉다는 것을

엄마의 기도

엄마의 영혼이 깃들던 소리 스윽삭삭삭
정결하게 깎아 주시던 나무연필
종이위에 번지던 나를 향한 엄마의 기도
쓸수록 늘어나던 연필 수 만큼
길어지던 엄마의 기도시간
지금도 들려오는
스윽삭삭삭 엄마의 기도 소리

회상

시리게 하얀 국화꽃사이로
따뜻하게 웃는 얼굴
어김없는 약속에
어지럽게 휘감기는 생각의 등줄기
아직은 받아들이지 못한 슬픔과 현실이
낮은 울음으로 엎드린 공간
흔들리는 시간들
흔들리는 사람들

20여년 그날로 태엽을 되감아
이제는 정화된 눈물로 나를 씻는다

설 연휴

추위마저 쉬어가는 날씨여서
모든 게 다 쉬는 줄 알았는데
잘 가라며 손 흔들고 성호 그으시는 차창 밖 모습
쉬지 않는 어머니의 기도

겨울 나이테

눈 내린 숲
조금만 바람이 불어도
나무 위의 눈꽃들이 날린다
칼바람에 휘청거리는 나무들
밤새도록 비가 내리고
산허리를 휘감은 안개는 대기중에 녹아내린다
제 몸 위에 쌓여지는 눈꽃
제 몸을 타고 흐르는 비
제 몸을 감싸 안는 안개
제 몸을 잡아 흔드는 바람
서서히 드러나는 마른 몸의 나무위로
잠시 내려앉는 햇빛
나무들은 이 겨울을 어떤 색의 나이테로 그려넣을까
겨울산중
걸음 멈춰서 바라본 낮은 하늘
아득하다

산방(山房)2

새소리 날아간 자리에
고요히 내리는 눈
창의 여린 빛
겨울이 매달아 놓은 고드름사이
아무도 묻지 않는
봄의 미소
아직은 들리지 않는
봄의 목소리

잦아드는 밤의 기침사이
조촐한 툇마루
묵묵히
귀 기울이고 있다

겨울 벚나무

벚나무의 마른 어깨 위에 눈이 소복이 쌓여 있다

꽃이 보이지 않아도
잎이 보이지 않아도
당신이 내 마음을 듣고 있다면
외롭지 않아요
겨울 벚나무가 내게 들려주던 노래였다
따스한 손으로 어깨를 안아주고
따스한 숨으로 볼 씻어주면
벚나무는
시린 바람 버텨내며
봄을 적어 내려간다

숨죽이며
겨울이 녹고 있다

겨울 청령포

사방으로 둘러 선 겨울강의 무릎을 베고
긴 꿈속
머뭇거리며 찾아 나서는 볕
너그러운 긴 잠 속
가슴속의 붉은 매듭
쏟아지던 칼바람 품에 안은 채
밝게 빛나는 이마
다가서는 새벽의 가르마 쓰다듬으며
쓸쓸히 나부끼는 어린 바람

라 캄파넬라

내려오는 눈이 그의 눈가에 앉는다
기차에 오르던
그는 몸을 돌려 돌아보고 있다
손에 목덜미에 눈빛에
희뿌연 그의 입김 앞에도 눈이 앉는다
스르르 미끄러지듯 시간이 빠져나간다

곧이어
눈은 흰 물살 되어 몰려왔다
처음 그를 만났을 때
쏟아지던 종소리가
온 구석구석 울렸던 것처럼

시간은 나를 상관하지 않고 지나가고
눈은
온종일 내리며 나를 에워쌌다

La Campanella(이탈리아어, 작은 종)
Franz(Ferenc) Liszt의 〈파가니니에 의한 대연습곡〉 중 3번

대한(大寒)에 횡성에서 본 시래기

볕 덜 드는 응달
감각조차 숨어버리는 얼음 같은 공기 속
시린 상처 엮어 안고 속으로만 울며
겨울을 버텨내는 침묵
따뜻한 저녁밥상에 펴지는 어깨
오늘도 버텨온 숙명의 침묵

이월이 다 가기 전

이월이 다 가기 전
아직도 마음 한 쪽 얼어있어
봄의 걸음을 받아들일 수 없을지 생각해 볼 일이다
깊었던 추위
헤아릴 길 없는 어둠
씨앗은 무슨 꿈을 꾸고 있는지 생각해 볼 일이다
아직은 꽃이 눈에 뵈지 않는다고
마냥 마음 닫아 있을 수만도 없는 일
꿈꾸는 씨앗을 생각해 볼 일이다 이월이 다 가기 전

춘설

물러나는 이월의 어깨에
눈이 내린다
살포시 내리던 자잘한 눈들은
꽃소금으로 피어있다
눈구름이 걷히고
돌담허리쯤 돌아가는 볕
잔설 녹으며
툭툭 떨어지는 물방울

다시 눈이 내린다
아직은 이른 봄
젖은 낙엽사이
언 땅을 열고 나온 수선화의 얼굴위에
물러나는 이월의 등에
굵고 푸근한 눈이 내린다

고목 매화

봄이 나에게 꽃을 주었나
꽃이 봄을 나에게 주었나
늙고 병들었어도
한쪽에 돋아난 새 살로
꽃을 피워내는 고목

물기 머금은 눈빛
들썩이며 어깨로 우는 뒷모습
아릿한 향 피워낸
고목 매화
봄을
내게 준
그윽한 꽃

스프링

어지럽게 울렁대는 과속의 봄

맘 깊은 곳에도
스프링이 있어
죽을 힘 다해 밀고 올라오나 봐
어쩔 수 없어요
중력을 거부하며 튕겨 나가 볼 거에요
두근 두근
그를 만나는 봄

참꽃

산길
산허리
산비탈에도

긴 가지끝
연분홍 꽃잎 매달고
바람불어 흔들려도
흔들리지 않고
비에 젖어도
젖지않는 기다림의 마음 모두우고
수척하게
비켜 서 있는 그 꽃

봄날을 원망하다

온전히 봄볕천지다
겨울을 따뜻이 밝혀주었던 포인세티아
찬란한 붉은 잎이 아직인데 어디로 옮겨둘까 허둥대고 있다

벚꽃길에 나서
봄날의 황홀함에 마음이 벅찬데
"얼굴이 반쪽되신거 같더라. 잘 계신다는데…"
울음녹아든 언니의 목소리에 가슴이 답답하다

봄날인데 아름다운 봄날인데
자리잃은 포인세티아와
팔십넘어 혼자 계신 아버지는 걸음을 재촉하는데
나는
너 때문일거라고 아무 죄 없는 봄날을 원망만 하고 있다
너 때문이라고 아무 죄 없는 봄날만 원망하고 있다

벚꽃에 대한 짧은 생각

사람이 니것 내것이라 정한 것일 뿐
벚꽃은 벚꽃답게 자연스레 피는 거고
사람은 그저 벚꽃에 녹아나고 있는 거고

저기
뉴욕, 샌프란시스코에도 벚꽃은 피어나겠지 아마
이치에 맞는 벚꽃을 탓할 수는 없고
못났던 사람 이상했던 사람
생각 모자란 우리들을 탓할 수 밖에

사람이 사람답지 않아서 탈이지
벚꽃은 벚꽃다운걸...

초대

창 열어젖힌 골목마다
울리는 봄비 소리
가슴엔 연초록 화관 가득

봄이 오고 있다

빗물 스민 담 아래
곱게 앉은 수선화
봄 향내 속삭이는 얼굴에
어른거리는 설레임
미소 짓는다 봄이

불면

감은 눈 위의 안대
어두운 게 좋아서는 아니며 환한 것이 싫어서는 더욱 아니다

크르렁 푸우 푸우…
낮에 마신 포도즙은 흔들어야 더욱 신선함을 느낄 수 있다던데
코고는 그는 흔들어볼수록 뜨거움은 비켜서고
부드러운 측은함이 손을 내민다
의지는 내팽개쳐져 버리고 기억들이 거꾸로 돌아서는 시간
말갛고 선한 눈빛 스무살의 그가 걸어오고 있다
감은 눈 위에 안대를 또 덮어볼수록
그와나 스무살의 비디오테이프는
내 위의 무거운 그의 다리와 상관없이 내달리고 있다

불면의 일탈

위로

때론 답을 구할 곳이 없었다
무딘 발굽으로 걷는 오르막길
시간은 잠이 들지 못하고 수척했다

봄이 나를 잊은 적이 있었던가
무릎 굽히고 앉은 순간을 잊은 적이 있었던가
말간 바람이 스쳐간다
삐죽이 고개 내민 고백의 자취
초록의 팔레트에
안스러운 침묵이 주름을 편다

밀려오는 봄

망각에 물들지 않는
꿈틀이는 순환이여

최수경의 시집에 관하여

박동규 시평

사계(四季)의 자연과
자아의 삶에 대한 감성적 반향(反響)

최수경의 시집에 관하여

사계(四季)의 자연과
자아의 삶에 대한 감성적 반향(反響)

박동규 (문학평론가, 서울대 명예교수)

    최수경 시인의 첫 시집은 사계(四季)의 자연에 따라 일어나는 삶을 살아가면서 현실적 세계와 부딪치는 정신과 감정의 반향을 의미하는 마음의 그림을 대상으로 한 시편들로 짜여져 있다. 그의 첫 시집은 그가 의도한 시의 성향을 계절이라는 자연배경을 중심으로 분류하여 놓았다고 보여진다. 이 자연의 변화는 인간의 삶이 보여주는 시간의 진행처럼 나타나 있지만 시인의 의도는 세월의 한 순간을 단면화 하여 정리해놓은 듯하다. 우리의 기억이 나이와 성향에 따라 연상의 토막을 이어놓은 듯 하게 사계로 짜여진 것은 사계가 가지는 특성처럼 그의 시의 특성이 주는 연상적 소재 중심으로 분류되어 있는 것을 볼 수 있다. 이는 한국화의 배경이 되는 자연과 흡사하게 성실한 삶의 내면성을 자연과 연결하여 부각 시키고자 한 것이라 할 수 있다. 또 한 가지 그의 시에는 그만의 개성적 주제성이 드러나게 보여주고 싶어 하는 점이다. 이는 '심상'에 등단할 때부터 시작된 시인으로서의 그만의 언어적 감각에서 얻어진 선명하고 참신한 언어 구사의 집념이다. 이를 바탕으로 그의 시 형식을 설정하고자 하는 노력이 첫 시집에 담겨 있다. 그와 만나는 동안 느꼈던 인상이지만 깔끔한 성격처럼 축약된 의미층을 가진 언어를 시에 담고자하는 작법적 특징이 돋보여 진다. 그리고 또 한 가지 그가 2015년에 '심상' 신인상에 당선되어 등단하였을 때를 보면 알 수 있다. 그 당시 어딘가 관념적 사유를 숨기고 있는 듯한 시적 형상을 그려내고 서정적 자아의 구현을 드러내기를 부끄러워하는 것과 같은 조심성을 보여주었다. 이제 첫 시집을 엮으면서 온전하고 치밀하게 정성을 다하는 그의 버릇이 시작에도 영향을 미쳤다. 지금까지의 전체적 그의 시 성향을 주제적 특성에 따라 분류하고 이를 극복하여 그만의 개성적 시적 환상을 그대로 보여주고 싶었던 것이 아닌가 생각 된다. 시인의 의도를 감안하여 그가 선택한 자연, 인간 그리고 의식의 내면을 대상으로 시편들을 골라 살펴보고자 한다.

1. 자연과의 대면과 시인의 서정적 자아

최수경 시인의 시세계는 서정적 자아를 주관적 관점에 맞추고 마치 표출의 방식과 그 형상화의 방법에 감추어진 감성적 자아의 반응에 놓여있다. 이는 사물을 분해하여 하나의 의미체로 새롭게 창조해 내기 보다는 그가 사물에서 건져 올린 인상과 자아라는 존재와의 관계를 만들어가는 방식을 보여주는 것이라고 보여진다. 다음의 시를 보자.

코트 위 걸쳐진
낮의 무게를 벗어놓고
밤바다에 갔다
흔들리는 달빛 사이

출렁이는
화사한 슬픔
화사한 적막

굳게 닫혀진 마음
긴 편지에 풀어놓고
밤바다에 갔다
스스로 무너지고
스스로 일어서는 파도 사이
출렁이는
고요한 눈물
고요한 자유

달아
너 가는 길에
나 비춰지는 때 있거든
아늑한 봄의 눈빛 스미게 해다오

- 「밤바다, 달」 전문 -

    이 시의 화자는 '나'이다. 그리고 나는 봄의 눈빛에 젖고 싶어 한다. 이 시는 밤바다와의 대면에서 시작한다. 밤바다는 달빛 마저 흔들리게 하고 파도의 출렁거림은 마음에 슬픔과 적막을 느끼게 한다. 이는 굳게 닫혀진 마음 안에 담겨있는 버릴 수 없었던 편지의 사연들이 쌓여있다. 시인은 그의 시적 형상에서 맺힌 슬픔을 밤바다에 풀어 놓고 싶어 한다. 스스로 무너지며 일어서는 파도의 출렁임이 순화된 감정으로 정화되면서 화사한 슬픔과 화사한 적막이라는 어찌 보면 수사적 표현이지만 마음의 응어리를 드러낸다. 이는 그가 다양한 심정적 굴곡을 느끼고 있음을 고백하고 있는 것이 된다. 이 고백은 깊이 숨겨 놓은 긴 사연이 빚어내는 슬픔의 실들이 풀려나는 것과 같다. 그리하여 스스로 무너지고 스스로 일어서는 파도로부터 자유로 가는 길을 모색하고 있다. 그리고 이 모색은 달빛의 인도를 받아 아늑한 봄의 눈빛을 찾아내어 새 생명의 개화를 꿈꾸며 '봄의 눈빛'에 숨고 싶어 하게 된다. 이 시의 내용에 따른 시각으로 바라본 것은 봄이 오고 있음의 예감은 새로운 생명의 약동에 대한 기대를 말하고 있다. 시인이 그의 심정에 담겨진 고난과 아픔을 봄의 눈빛이 스며들어서 녹아내리기를 기원하는 것으로 볼 수 있다. 최 시인에게 있어서 그의 의식에 담겨진 현실은 '긴 편지'로 표상되듯이 그가 설명할 수 없는 현실적 삶의 뒷면에 작은 글자로 쓰여 있는 긴 편지의 사연일지 모른다. 이 사연들이 봄의 눈빛을 통해서 녹아 사라지며 스스로 해방되기를 기대하는 것이 이 시의 진실이라고 보게 된다. 다음의 시를 보자.

분명 휘젓고 다니는 바람 탓만은 아니었지요
낯익은 얼굴들이 센 물살로 다가와 주저앉고 싶은 날
뒷머리를 자꾸만 잡아당겨 뒷걸음질 쳐지는 날이었어요
이런 오후엔 바이올린 혼자 팽팽히 흘러가는
무반주 파르티타보다는 let it be가 좋겠다 싶어요
let it be….
하루 내내 안경을 쓰지 않아

그녀들의 예리한 말끝도 주름진 외로움도
흐릿하게만 보였던 게 다행이었다고 나를 위로해 보기도해요
아니에요
따뜻한 이불 속에 숨듯이 들어가
감추어둔 울음을 꺼내들게 되어요
사람만한 위로가 없다고 누가 말했던가요
축축한 창 넘어 보이지 않는 상처 그득 끌어안은 달 만이
눈을 마주쳐주는 날이에요
분명 휘젓고 다니는 바람 탓만은 아니었어요

-「그런날의 위로」전문 -

 이 시는 서정시의 정형적 조직으로 이루어져 있다. 서정시의 두드러진 특징은 서정적 자아와 표현하고자 하는 대상과의 동화(同化)나 투사(投射)이다. 이 시에서 서정적 자아인 '나'는 달과 마주 하고 있다. 이 시에서 '나'라는 자아는 '달'과 마주 하는 순간 '나'는 달에 용해되어 달로 인해서 자아의 심정적 갈증은 해소되고 그를 자유로운 주체로서의 자아를 회복하게 된다는 구조이다. 그리하여 이 시에서 주체적 자아는 내면적 갈등에 상처 입은 존재의 실체로 그려져 있다. '낯익은 얼굴'과의 대면으로 해서 주저앉고 싶은 순간 무엇인가 머릿속에서 떠나지 않고 '뒷머리를 자꾸만 잡아당겨' 뒷걸음치듯 견딜 수 없는 과거의 사연들로 홀로 고통 받는 시간으로 인해서 '나'를 견딜 수 없게 하는 외로움에 묻히게 된다. 그러나 이 외로움은 스스로를 달래보는 위로이지만 이는 위로의 소리로 덮어지는 것은 아니다. 이 외로움은 존재 안에 내재하는 삶의 그늘에서 생겨난 상처이다. 이 상처를 '사람만한 위로가 없다고 누가 말했던

가요'하는 물음처럼 시인이 살아오는 동안 겪은 고통의 비명을 진실한 호소를 응축한 듯한 고백으로 되는 것이다. 그러기에 시인은 달과의 조우(遭遇)를 생각한다. 이 달은 '보이지 않는 상처 그득 끌어안은 달'이 된다. 상처를 안은 '나'와의 교감을 통해 동화적 교섭이 서로를 화합하게 하는 것이 된다. 시인은 그가 살아오는 동안 감추고 온 상처의 아픔을 달과의 공감력으로 만들어낸 것이다. 이 시에서 시인이 보여주고자 한 것은 상처라는 인간이 지닌 아픔이다. 이 아픔은 달이 보여주는 공동적 정서영역을 통해서 위로를 받게 된다는 점을 보여주고 있다. 다음의 시를 보자.

그럴것이 하나도 없는 요즘이었다
어디에서 시작한 것인지 마음이 울고 있다
무슨 생각이 아껴지며 쌓이고 있는 걸까
도시를 돌아 걸으며 하루를 봄바람에 부대껴댄후
따뜻한 물에 나를 담궈 달래본다
이것일까 그렇다
진달래꽃잎 붙여 눈부시게 이쁜 화전 만들어주던 엄마다
사랑한다 고백한 적 있었던가
아름다운 그 세상에서도 진달래꽃잎 붙인 화전 나누실까

쌓였던 그리움에 눈물이 지칠 줄 모른다 춘분에

- 「춘분에」 전문 -

이 시에서 화자인 '나'는 무료한 권태에 말려 있는 듯이 보인다. 화려한 봄의 약동을 보면서도 약동은 봄이 주는 정취에서는 오히려 생활의 무료로 집중된다. 그 원인은 봄과 어울리지 않는 마음에 쌓여있는 알 수 없는 어두운 생각의 층(層)이다. 이는 아름다운 세상에서 나를 환하게 만들었던 과거이다. 이는 지나간 과거 어느 때 빠져있던 함정이다. 그리고 이 과거의 황홀한 시간에 대한 그리움이 살아있는 것이다. 그렇다고 이 그리움은 진달래꽃처럼 해마다 피어나는 환생의 것이 아니다. 이는 진달래꽃을 떠오르게 하는 '진달래꽃잎 붙여 눈부시게 이쁜 화전' 같은 것이다. 이 화전의 얼굴은 어머니이다. 시인은 진달래꽃잎 붙인 화전에 어린 어머니를 생각하고 있었던 것이다. 이 그리움을 시인은 고백하고 있다. 최 시인의 봄은 개화의 화려한 세계 뒤에 숨어 있는 그의 외로움을 떠올리고 그 외로움을 닮은 형상을 찾아내어 그의 가려진 마음의 안쪽 그리움의 농도를 고백하고 있다. 다음의 시를 보자.

새소리에 고개 들어
먼 산 바라보면
연회색 치마폭에 던져진 진달래꽃 무더기

세 걸음 쯤 왔을까
멀리 보이던 봄이 고요히 맺혀 있다

- 「봄 산」 전문 -

시집의 첫 장에 실려 있는 짧은 시이다. 너무 간명해서 한 눈에 시를 다 파악할 수 있다. 새소리에 고개를 들어보니 연회색으로 물든 봄이 오고 있는 산에 '연회색 치마폭'에 누가 던져 놓은 듯한 진달래 꽃무더기가 곳곳에 보인다. 이때 다가오는 봄의 기운을 시인은 '세 걸음'으로 표현하며 멀리 보이던 봄이 사르르 드러나고 있음을 그렸다. 시인은 그의 세밀하고 정확한 감각적 표현으로 '연회색 치마폭에 던져진 진달래꽃 무더기'를 만들어내어 상상적 공간의 역동적 양식이 되었다. 봄날의 전경이 된 산에 핀 진달래꽃이 하나의 사물처럼 산을 연회색 치마폭으로 변용하여 그 속에 담긴 진달래 고충으로 형상화됨으로서 치마폭으로 하나의 정물화로 그려지고 이 정물화 안에 봄이 농축하는 융합의 아름다움을 만들어 놓은 것이다. 최 시인은 사물과 사물사이의 상관을 설정하는데 있어서 시적 감수성을 거친 상상이 작동하게 하고 있다.

2. 여름과 가을, 인간과 자연의 대화

　최수경 시인의 시에서 많이 만나게 되는 소재는 단연 자연이다. 그러나 이 자연은 시인의 서정적 자아의 주관적 반응에 따라 달라지고 있다. 즉 자연과 자아의 존재와의 오묘한 무의식적 동화를 거쳐 새로운 의미체의 형상으로 드러나게 된다. 자연을 노래하는 것이 아니라 자연과 자아와의 결합된 서정적 세계를 만들어내는 것이다. 다음의 시를 보자.

　　　짙은 회색 조각구름 뒤로
　　　나왔다 들어갔다 하는 아버지

밝은 빛으로
나를 쳐다보다가
눈부시게 하더니
하얀구름을 커튼삼아
얼굴을 반쯤 내밀고 부드러운 빛으로 나를 보고 웃는다

한참동안
눈을 감은 채
기억의 길을 아버지는 천천히 걸어간다

푸석한 바람이 불어오곤 한다

희끗해진 얼굴
오후의 산등성이 위
아버지는
얼룩진 눈물자욱을 닦아주고 서 있다
아직도 따뜻한 눈빛이다

- 「해」 전문 -

    이 시에서 시인은 '해'를 아버지와 오버랩하고 있다. 최 시인 시에서 보여주고 싶어 하는 것은 아버지와 시인과의 거리(距離)이다. 거리는 아버지와 시인 사이에 엉킨 인연의 사연에서 일어난 정서적 결정체가 된다. 이 시에서 짙은 구름 조각 뒤에 숨어 있다가 나와서 밝은 빛으로 '나'라는 존재를 쳐다보고 또 구름 뒤로 숨어버리곤 한다. 그러면서도 언제나 사라지지 않고 항상 곁에 있어서 '얼룩진 눈물자욱을 닦아주고 서' 따뜻한 눈빛을 보내주고 있다. 아버지와 해의 융합은 이 시에서 시인의 아버지에 대한 거리 안에 놓여있는 정서적 의미층인 그리움의 상징물로 설정 되어있다. 아버지는 밝은 빛으로 그의 삶에 중심이었던 것을 기억하면서 '얼룩진 눈물자욱을 닦아주'던 아버지의 손길을 그리워하고 있다. 시인이 '아직도 따뜻한 눈빛'이 그에게 남아 있다는 고백이야말로 해와 아버지의 같은 의미층에 놓여 있는 것이 적절한 표상의 선택인가를 알게 된다. 다음의 시를 보자.

    닦고 또 닦다가
    고개를 반쯤 기울인 채 가만히 보았지
    거울 속 모습에게 물어보았어
    너는 아직도 나야?
    결코 보이지 않는 이전의 나는
    공허란 팻말 흔들흔들 춤추고 바람만 머무는 빈집
    뒤통수쯤은 견뎌내고 있을까
    보채듯이 손거울을 하나 사보았어
    볼 수 없는 뒤통수와 이전의 나를 흥정해보려고

                - 「거울의 말」 전문 -

이 시는 자아에 대한 시인의 예리한 접근 방식을 보여주고 있다. 거울에 담겨 있는 나와 보이지 않는 나의 뒷면에 대한 시인의 관심이 이 시를 이루는 골격이다. 먼저 이 시에서 '나'는 '고개를 반쯤 기울인 채' 거울에 비친 '나'를 본다. 스스로 닦고 닦으며 살아왔지만 그가 바라는 인간의 형상인가에 대한 물음이 시의 전개를 이끄는 단초를 만든다. 어쩌다 나 역시 거울 앞에 비친 내가 초라해 보이거나 늙어보여서 깜짝 놀랄 때가 있다. 내가 알고 있던 나와 다르기 때문이다. 이와 같이 시인은 '나'라는 내가 바라던 인간형의 모습인가를 묻고 있다. 이는 옛날에 그가 지녔던 참다운 인간에 대한 꿈을 그대로 간직하고 있는 모습인가 하는 의문이 들기 때문이다. 결혼해서 자식을 키우고 가정을 꾸려가는 나의 모습은 젊은 날의 모습과 달라질 수밖에 없다. 이 변화를 두려워하는 것이 아니라 변화가 선순행을 하고 있는가에 대한 궁금함이다. 이 궁금함의 바탕에는 이전의 '나'라는 존재에 대한 자성의 문제이다. 스스로 닦고 닦아 가꾸어 온 '나'라는 존재의 지금과 '또 다른 나'의 존재 사이에 생긴 빈 틈을 시인은 찾고 있다. 그래서 거울을 통해 '뒷면'이라는 자신이 볼 수 없는 자아를 그는 귀 기울이고 있다. 시는 우리의 보이지 않는 내면이나 자신의 변화된 모습에 대한 성찰을 보여준다. 따라서 시인은 이 변화의 중심에 대한 관심을 어떻게 드러내 보여주는 가를 생각 한다. 최 시인은 행여나 그가 걱정하는 보이지 않는 집의 형상을 걱정하고 있는 것이다. 다음의 시를 보자.

    밤이면 안대너머
    깊은 물 속 바닥
    홀로 잠영을 한다
    무르기 그지없는 믿음이며
    나이든 억지며
    빛이 바랜 눈물이 부딪힌다

상실해 버리고 싶은 단어들이 무게를 더하는 밤
홀로 잠영을 한다

물 속 바닥
홀로 잠영을 한다
흐느끼지 않으며
쉽게 기대하지 않고
쉽게 흔들리지 않는 곳
보이지 않는 3분의 2
껌껌한 무의식의 그림자
바늘구멍 하나 뚫고 대면하는 시간
30미터 50미터 더 멀리 나아가
고요히 앉아본다

- 「잠영(潛泳)」 전문 -

 최 시인의 시에 나오는 자의식은 논리적 구조로 짜여진 합리적 자아의 형상은 아니다. 어찌 보면 그가 현실에 던져진 자아의 실체에 대한 감각적 추적인지도 모른다. 그러기에 그의 시에는 오묘한 분위기가 맴돈다. 이 분위기는 마치 안개처럼 애매하기도 하고 우웃빛처럼 몽환적인 것이 특징이다. '잠영'은 물속에 잠겨드는 것 같은 꿈의 사연이 중심이 되어 있다. 밤이 오면 눈을 감고 깊은 잠영을 한다. 이 잠영은 단단하지 못한 신앙에 대한 반성이나 나이 들어가면서 몸에 붙어 버린 습관적 억지스러움 같은 살아가면서 자신을 물들이

게 한 것들에 대해 떠올리며 후회의 길을 밟게 된다. 이 잠영은 무의식의 바다이다. 이 무의식은 바늘 구멍하나의 홈을 타고 흘러들어간다. 이 홈에서 대면하는 것은 고요함이다. 이 고요함은 오로지 그만의 시간 속에 존재하는 진실한 자신의 모습 아니면 그가 감추고 있는 내면의 모든 욕망의 근원이 되는 것들에 대한 대면일 수 있다. 이처럼 그의 모습을 바라볼 수 있게 하고 이를 느끼게 한다. 시에는 물속을 잠영하는 듯한 무의식이 빚어내는 그만의 본체와 나와의 대면이 나타나 있다. 그러기에 어쩌면 무의미의 시처럼 흐르는 것만이 드러나 있는 것인지 모른다. 시인 자신의 삶속에 간섭하고 있는 참다운 자아에 대한 성실한 환기가 분명하기 때문이다. 다음 시를 보자.

> 동백기름에 머리 빗고
> 거친 손 끝 연기 피워내던 홍준이 할머니는
> 담배는 가슴에 담긴 한숨이라 하셨댔지
> 잘났다던 남편덕에 딴 여자랑 남편을 나눠야했던 숙모는
> 인텔리젼스와 사랑을 종이에 곱게 말아 흩어버리셨고
> 볕 좋은 봄에 자식 잃은 동생을 둔 친구는
> 참담한 눈물을 연기로 토해내고 있네
> 오십년이 지나도록
> 무거운 짐 연기처럼 훨훨 날리고 싶으셨나보다 우리 아버지도
>
> - 「담배연기」 전문 -

이 시 역시 전 편의 시와 상통하는 부분이 있다. 이 시에서 연기는 '사라지

는 것'이 아닌 '삭이다'라는 마음의 평정을 찾는 의미를 가지고 있다. 흔히 연기는 날아가 버리는 것이지만 이 시에서 담배 연기는 사라지지 않고 남아있다. 할머니가 거친 손에 잡고 있던 담배 연기는 그가 만난 지적 오만이 가져온 가정적 불행을 참아 내고 견디는 수단으로 연기를 피워 올렸다. 이 연기는 마치 위장막처럼 할머니를 둘러싸는 운무가 되는 것이다. 또 친구는 봄날 조카를 잃고 그 슬픔을 견디며 흘러내리는 눈물을 종이에 담아 연기로 뱉어냈다. 그리고 마지막 시인의 아버지 역시 현실의 무거운 짐을 지고 가족을 이끌어 온 오십년 동안 그 짐의 무거움을 연기로 날려버리려 했다. 이 연기는 모두 이들을 둘러싸고 있는 운무가 되어 이들의 심정을 그려내는 희미한 흔적으로 남아 있었다. 이러한 시의 내용은 담배연기에 얽힌 사연을 시인의 특이한 상상으로 연기에 담아 이들의 고통과 슬픔을 형상화해보고 있다. 주목해볼 점은 시인은 고통과 슬픔을 주관적으로 '삭이어 내다'라는 서술적 표현을 하고 있다는 점이다. 시인은 구체화하지 않고 있는 마음의 저편 보이지 않는 응어리를 연기라는 사라지는 형상을 통해 견디어낸 아름다운 삶의 흔적을 느끼게 해주고자 하는 것이다. 시인은 주장하는 것이 아니라 마음에 스며들게 하는 방법을 보여준다.

3. 최수경 시인의 개성과 그의 시가 보여주는 전망

최수경 시인의 첫 시집에서 사계(四季)로 장을 나누어 놓은 것은 소재의 대상에 대한 분류의 의미라고 생각된다. 조금 더 확대 해보면 사람의 세계에 생동과 열정, 열매 맺기와 조락(凋落)의 시간을 하나의 단서로 활용하고 있는 예라고 할 것이다. 그의 시집을 이 분류의 순서대로 따라가며 살펴보았다. 그렇다고 시의 주제가 이 사계적 순서를 지닌 것이라고 보기는 어렵다. 오히려 시의 정서적 감정에 따라 장을 나누는 것으로 정해져 있다고 보여진다. 그리고 이제 최 시인의 시적 성향을 정리해보면 그는 조심스럽고 예리하게 그만의 마음에 담긴 정서적 감각을 그만의 표현으로 드러내 보여주고자 애쓴 점이 이 시집의 총체적 색깔이다. 이를 받침 하는 첫 번째 증거는 그의 시어들이다. 그의 감각적 음역(音域)을 치밀하게 추적하여 그 영역을 넓혀 나갔다는 점이다. 따라가서 넓다는 점이다. 이는 특히 소리의 울림을 의미의 파장으로 확장하고 있는 점이다. 유명한 고전 음악의 작품명이 가끔 등장하는 것은 이 울림의 여운을 위해서라고 할 수 있다. 또 그의 시어들은 시인의 예민한 감성에서 건져 올리는 미세한 느낌을 소리의 떨림처럼 교묘하게 확장하고 있는 점이 특징이다. 이는 그가 사물을 그냥 스쳐보는 것이 아니라 감각으로 붙들어 마음에 담아 놓고 여러 가지 언어가 주는 방향을 울림으로 표현한 그만의 시작 방식이라고도 할 것이다. 다음의 시를 보자.

    감은 눈 위의 안대
    어두운 게 좋아서는 아니며 환한 것이 싫어서는 더욱 아니다

    크르렁 푸우 푸우...
    낮에 마신 포도즙은 흔들어야 더욱 신선함을 느낄 수 있다던데
    코고는 그는 흔들어볼수록 뜨거움은 비켜서고
    부드러운 측은함이 손을 내민다

의지는 내팽개쳐져 버리고 기억들이 거꾸로 돌아서는 시간
말갛고 선한 눈빛 스무살의 그가 걸어오고 있다
감은 눈 위에 안대를 또 덮어볼수록
그와나 스무살의 비디오테이프는
내 위의 무거운 그의 다리와 상관없이 내달리고 있다

불면의 일탈

– 「불면」 전문 –

이 시는 안대를 쓰고 누워 있어도 코고는 소리에 잠이 들지 못할 때를 그려내고 있다. 발단은 '코골이'이다. 옆 사람의 코골이는 분명 잠을 못 자게 하는 것이 된다. 이 불면은 쇠약해져버린 지금의 삶의 한 영역에 대해 연민이라는 감성적 고통을 자아낸다. 그리고 이는 지나간 시간 화자 앞에 서 있던 '말갛고 선한 눈빛 스무살의 그'를 떠올리게 된다. 이는 이미 익숙해진 지금의 생활에서 잃어버리고 살아온 것들을 아쉬워하는 연민에서 생겨난 것이다. 이 연민의 발원지는 다름 아닌 '부드러운 측은함'이다. 이 '측은함'은 생활을 영위하면서 헤쳐 나가야 했던 고난으로 신선함을 빼앗겨 왔던 것에 대한 연민인 동시에 화자에게 잊을 수 없는 '아름다운 시절'에 대한 회상이기 때문이다. 최수경 시인의 직접적이고 단순한 감정적 표현이 그의 시에 가끔 등장하는 것은 그만의 특별한 지적 감응을 작동하고 있기 때문이다. 이 지적 감응은 그의 서정적 세계를 통제하고 있다. 즉 감각에서 얻어진 반응을 마음에 담고 이를 꼼꼼히 인식하며 살펴본다는 점이다. 그러기에 그의 시는 원인이나 결과에 대한 문제를

제기하는 것이 아니라 그의 기억에 담겨진 유사한 마음의 틈새를 찬찬히 보여주는 것이다.

  이제까지 그만의 시가 가지는 특징을 밝혀 왔다. 이를 다시 살펴본다면 그는 모더니스트적인 시를 꿈꾸고 있는 듯 하지만 최수경 시인의 시는 알찬 꽃망울처럼 피어나고자 하는 의미를 마음의 정조로 흐려놓고 있다. 즉 메아리의 울림 같은 것을 노리고 있는 것이다. 행간 사이의 공간처럼 의미층이 숨어 있는 경우가 많은 것도 이 때문이다. 또한 성향은 그의 성격에서 생겨난 것인지 깔끔한 정돈된 체험의 축적을 시도하고 있다. 이는 그가 세월을 소재로 하는 시 작품을 보여주고 있다는 점이다. 역사의 해석처럼 자신의 사람에서 흘러간 시간 단위의 의미가 무엇이었던가 하는 물음을 가지고 있다. 이는 자의식의 발현이 주는 부담 때문이라고 보여진다. 바로 이 점은 그의 시에 애매함으로 나타나기도 한다. 그가 경계가 분명하지 않은 안개 낀 영역을 설정한 것은 의미에 머물지 않고 진실한 삶이 주는 감동이 어떤 것인가를 귀 기울이고 듣고자 하는 시인의 진지함이 있기 때문이다. 이번 첫 시집에서 얻은 나의 인상은 최수경 시인의 시에는 잊지 못하는 생명의 구경적 세계로 가려는 시인의 솔직함이 살아있다는 점이다. 가슴을 울리는 소리가 무엇인가를 귀 기울여 듣고자 하는 시인의 진실함과 함께 시어가 주는 세련됨이 그만의 '시를 쓰는 개별성'을 돋보이게 하고 있다. 첫 시집을 시작으로 한국의 서정시의 지평을 넓혀가는 시작 생활이 더 왕성하기를 고대한다. 첫 시집 출간을 축하한다.

초판 인쇄일 2024년 9월 30일
초판 발행일 2024년 9월 30일
지은이 최수경
발행인 박근정
발행처 심　상

06788 서울특별시 서초구 양재동 353-4 청암빌딩 2F
TEL. 02-3462-0290
FAX. 02-3462-0293
출판등록 제라-1696

값 12,000원
ⓒ 최수경
ISBN 979-11-85659-45-9